TARÔ DE MARSELHA
CBD

TARÔ DE MARSELHA
CBD

Reprodução fiel do Tarô tradicional
baseada no baralho-padrão

impresso por
NICOLAS CONVER, 1760

restaurado e adaptado por
YOAV BEN-DOV, 2010

Tradução
Euclides Luiz Calloni

Editora
Pensamento
SÃO PAULO

Título original: *CBD Tarot de Marseille.*
Copyright © 2017 U. S. Games Systems, Inc.
Copyright da edição brasileira © 2020 Editora Pensamento-Cultrix Ltda. Publicado mediante acordo com a U. S. Games, Inc., Stamford, CT, USA.
1ª edição 2020. / 1ª reimpressão 2022.

Todos os direitos reservados. Nenhuma parte desta obra pode ser reproduzida ou usada de qualquer forma ou por qualquer meio, eletrônico ou mecânico, inclusive fotocópias, gravações ou sistema de armazenamento em banco de dados, sem permissão por escrito, exceto nos casos de trechos curtos citados em resenhas críticas ou artigos de revistas.

Editor: Adilson Silva Ramachandra
Gerente editorial: Roseli de S. Ferraz
Gerente de produção editorial: Indiara Faria Kayo
Preparação de originais: Alessandra Miranda de Sá
Editoração eletrônica: Join Bureau
Revisão: Luciana Soares da Silva
Caixa, capa e ilustrações da Introdução: Lucas Campos/Indie 6 Desing

Dados Internacionais de Catalogação na Publicação (CIP)
(Câmara Brasileira do Livro, SP, Brasil)

Ben-Dov, Yoav
  Tarô de Marselha CBD / Yoav Ben-Dov; tradução Euclides Luiz Calloni. – 1. ed. – São Paulo: Editora Pensamento Cultrix, 2020.

  Título original: CBD Tarot de Marseille
  ISBN 978-85-315-2129-4

  1. Adivinhações 2. Esoterismo 3. Magia 4. Oráculo 5. Tarô 6. Sorte – Leitura I. Título.

20-33897   CDD-133.32424

Índices para catálogo sistemático:
1. Tarô de Marselha: Artes divinatórias: Ciências ocultas   133.32424
Maria Alice Ferreira – Bibliotecária – CRB-8/7964

Direitos de tradução para a língua portuguesa adquiridos com exclusividade pela
EDITORA PENSAMENTO-CULTRIX LTDA.
Rua Dr. Mário Vicente, 368 – 04270-000 – São Paulo, SP
Fone: (11) 2066-9000
E-mail: atendimento@editorapensamento.com.br
http://www.editorapensamento.com.br
que se reserva a propriedade literária desta tradução.
Foi feito o depósito legal.

Nota Introdutória

Este livro destina-se a servir de referência rápida para a leitura das cartas do *Tarô de Marselha CBD*. Ele se baseia no livro *O Tarô de Marselha Revelado – Um Guia Completo para o seu Simbolismo, Significados e Métodos*, de Yoav Ben-Dov.

Algumas partes do livro, demais conteúdos para leitura e *download*, além de atualizações e informações sobre a obra e as cartas, encontram-se no site em inglês: www.cbdtarot.com.

Para constar, gostaríamos de observar que as bordas de cada carta são ligeiramente irregulares e diferem de uma para outra.

Lembrete da família de Yoav

O baralho de Tarô CBD é apenas uma das muitas realizações de Yoav. Outras, e ainda mais significativas, são as de ser um excelente e dileto pai, filho, irmão, amigo e professor.

Desejamos que você aproveite estas cartas com alegria e espírito livre, manuseando-as para explorar as várias dimensões da mente, o universo que as possibilita e tudo o que ainda é desconhecido.

Sumário

Introdução: O que é o Tarô de Marselha CBD e
como foi seu processo de restauração 11

Abertura do Baralho 25

O Tarô de Marselha 27

Impressão industrial dos baralhos e restaurações do
Tarô de Marselha – do final dos anos 1980 até os dias de hoje 31

O Tarô de Marselha CBD e outras restaurações modernas
do baralho de Conver 35

Estrutura do baralho 41

Identificação das cartas 43

Embaralhamento 45

Leitura das cartas 47

Abrangência dos Arcanos Menores 49

Ases e cartas da corte... 53

Interpretações rápidas 55

Os Arcanos Maiores... 57

Ouros (ou Moedas) 102

Copas 109

Paus (ou Varas) 116

Espadas 123

A carta em branco 131

Introdução

O Que é o *Tarô de Marselha CBD* e Como Foi Seu Processo de Restauração

O *Tarô de Marselha CBD* é uma restauração feita por mim em 2010 após muitas pesquisas e muitos estudos sobre o Tarô. Ela foi realizada tendo como base o baralho de 1760 de Nicolas Conver, que foi reproduzido aqui com o máximo de fidelidade. Após séculos de uso, as cores das cartas originais desapareceram, e muitos detalhes de linha estão ausentes ou pouco claros, o que o tornava inadequado para a leitura real, por isso fiz essa restauração.

As descrições a seguir mostram os recursos exclusivos do *Tarô de Marselha CBD*, em comparação com outras edições restauradas. Não pretendo afirmar que este seja necessariamente "melhor" que os outros. Cada edição pode ter seus próprios pontos fortes e fracos. Só desejo explicar as escolhas que fiz na restauração, por que as fiz e como isso afeta a aparência das cartas na hora das tiragens – até porque muitos estudiosos e autoridades do Tarô concordam que seus detalhes expressam a magia do antigo Tarô em sua forma mais pura e eficaz. Por isso, o *Tarô de Marselha CBD* respeita o *design* original de Conver, sendo fiel a seus detalhes e linhas, sem tentar corrigi-los ou melhorar o original.

As linhas

Esquerda: linhas no Tarô CBD.
Direita: as mesmas formas nas linhas vetoriais.
Cores: com preenchimento total dos espaços.

Introdução

Outros *decks* de Marselha que foram restaurados nos últimos anos costumam usar linhas de gráficos vetoriais, criadas digitalmente em programas de computador. Essas linhas são uniformes em termos de largura, a menos que lhes seja dada uma textura artificial. Suas curvas são suaves e matematicamente exatas. As cores costumam ser adicionadas por preenchimento. Isso significa que elas param exatamente no limiar da linha. Esse procedimento economiza muito tempo e esforço. Contudo, em minha opinião, dá às ilustrações uma aparência nítida, muito nítida... embora artificial demais.

As linhas pretas do *Tarô de Marselha CBD* foram produzidas em um processo lento, crescente e orgânico. Primeiro, as linhas foram desenhadas à mão com uma caneta de bico de pena e pincel *Tipp-Ex*, no papel. Mais tarde, foram digitalizadas e remodeladas manualmente, milímetro por milímetro. O trabalho foi realizado em uma resolução muito alta, para que uma carta de tamanho normal não perdesse seus detalhes na hora da impressão. Isso exigiu mais de três anos e meio de um trabalho conjunto realizado a seis mãos. As linhas foram deslocadas de modo gradual para corresponder aos originais, tendo uma qualidade fluida e suave. Nesse processo, mantiveram uma textura não uniforme. Isso fez com que as cores se misturassem aos poucos às linhas, tal como era feito nas impressões originais em madeira e coloridas à mão.

Molduras e letras

Em cima: quadro e letras no Tarô CBD.
Embaixo: vetor de moldura e fonte das letras.

As molduras das cartas em muitos *decks* restaurados também são geradas por *softwares* em computador. Em geral, são uniformes, e a mesma moldura é utilizada para todas as cartas. Além disso, são desenhadas em linhas grossas, perfeitamente retas e em ângulo reto. Em minha opinião, isso torna as molduras dominantes demais em termos visuais. A moldura grossa e uniforme envolve cada carta, por vezes invadindo seu próprio espaço, e oferece uma aparência excessivamente quadrada e esquemática.

As molduras dos cartões no *Tarô de Marselha CBD* foram desenhadas à mão, sendo únicas para cada carta. Elas não são exatamente retangulares, preservando parte da irregularidade das xilogravuras originais. Acabei por torná-las mais finas, para compensar o tom mais forte da tinta moderna. Isso foi feito para manter o equilíbrio original entre imagem e moldura. Além de passar uma sensação mais natural, as linhas finas e as bordas estreitas também facilitam a conexão das cartas. Esse recurso é especialmente importante na abordagem de leitura aberta, na qual observamos a propagação composta dos elementos e vemos cada carta como uma imagem completa.

Isto também vale para os títulos das cartas e os algarismos romanos. No baralho original de Conver, estes foram esculpidos à mão. Alguns dos modernos *decks* restaurados usam fonte de computador com letras uniformes e aplicadas diretamente. No *Tarô de Marselha CBD*, cada letra é única, com sua forma e sua posição copiadas do original de forma manual.

Cores

Os detalhes das linhas presentes nas figuras em diferentes versões do *Tarô de Marselha* costumam ser bastante semelhantes. Mas há muita variação na coloração. O mesmo objeto pode ser azul em uma versão e vermelho em outra. Mesmo no baralho de Conver, em que as linhas foram impressas ao longo de dois séculos usando-se os mesmos blocos de madeira originais, os modelos de coloração foram substituídos em poucos anos devido ao desgaste. Ainda assim, o esquema de coloração foi se tornando mais rudimentar e menos detalhado com o passar das décadas.

O *Tarô de Marselha CBD* geralmente segue o esquema de cores da edição de Conver de 1760, a mais antiga disponível, e um exemplar da época é mantido na Biblioteca Nacional da França. Sua coloração é o mais próxima possível das intenções artísticas e simbólicas do mestre original. Isso significa, por exemplo, que um objeto vermelho no *design* de Conver também é vermelho no *Tarô de Marselha CBD*.

Ainda assim, devido às diferentes técnicas de impressão, tive de decidir qual tonalidade deveria usar para cada cor. Após muitos testes e ajustes, escolhi a paleta atual. Eu a achei suave, harmoniosa, destacando a composição artística, e não "ocultando" as linhas impressas, como às vezes ocorre em outras restaurações de *decks* modernos.

As expressões faciais

No *Tarô de Marselha CBD*, preservei os traços faciais originais. Isso significa que cada figura humana é "a mesma pessoa" retratada no *deck* de Conver. No entanto, manter as expressões faciais originais causaria uma impressão sombria e deprimente aos olhos modernos. Isso ocorreria porque, diferente de agora, naquela época as pessoas estavam acostumadas com os semblantes sérios e graves dos retratos. Para evitar esse efeito, tive de suavizar as expressões. Não queria fazer as figuras ridiculamente felizes, apenas lhes dar uma expressão mais calma e serena. Fiz muitos ajustes, além de leituras de teste com diferentes grupos-alvo antes de tomar essa decisão. As figuras resultantes parecem vivas, olhando-se com sentimento e criando relações emocionais entre elas.

Irregularidades

Um desafio bastante difícil foi o fato de que nas cartas de Marselha, e em particular no baralho de Conver de 1760, existem várias anomalias e irregularidades, por exemplo:

- Figuras e objetos diferentes que se fundem.
- Formas ambíguas, que podem ser interpretadas como partes de diferentes objetos.
- Características anatômicas irregulares ou perspectivas impossíveis.
- Coloração que fragmenta as formas dos objetos ou continua para além de suas bordas.
- Inconsistências na ortografia dos títulos das cartas, e assim por diante.

Exemplos de irregularidades

- Detalhe anatômico estranho na carta **A FORÇA**.
- Fundo pintado/misturado com a cor pêssego ("cor da pele") na carta **A ESTRELA**.
- Assimetria, derramamento de cor e figuras pouco claras na carta **O CARRO**.
- Falta de terreno nas laterais da carta **O MAGO**.

Arte e composição

Enquanto trabalhava em minuciosos detalhes da restauração das cartas, percebi que o que restaurava era o trabalho de um gênio artístico. Em minha opinião, foi a interação perfeita e sistemática entre arte e simbolismo que deu ao Tarô de Conver seu poder singular, tornando-o o padrão reconhecido do Tarô de Marselha. As formas coloridas são organizadas com cuidado para criar composições elaboradas e linhas de fluxo. Esses arranjos orientam os olhos pelas cartas e ajudam a conectar uma carta à sua vizinha durante as tiragens, fornecendo às ilustrações de cada carta uma integridade geral única e uma sensação de movimento entres elas.

As engenhosas composições visuais que fazem parte do *design* de Conver tornaram-se evidentes à medida que copiava com exatidão suas linhas e formas. No entanto, por meio do desgaste e do desbotamento, elas se tornaram gradualmente mais difíceis de perceber. Com o *Tarô de Marselha CBD* restaurado em linhas claras e cores vivas, podemos mais uma vez notar e vivenciar a arte que confere ao baralho de Conver seu poder mágico e simbólico durante as tiragens e interpretações.

Erros

O *Tarô de Marselha CBD* passou por muitas verificações e revisões. No entanto, ainda existem erros que permanecem nesta edição. A maioria deles provavelmente ainda é desconhecida para mim. Mas não vejo isso como uma grande desvantagem. Nunca houve um "baralho de Tarô perfeito", assim como não há "cavalo perfeito" ou "humano perfeito". Cada indivíduo tem os próprios equívocos e peculiaridades, tornando-o um sistema vivo e em evolução, e baralhos de Tarô não são exceção à regra.

Um desses erros eu notei apenas quando os arquivos já tinham sido enviados para impressão. Isso ocorreu apesar de as cartas terem passado por diversas verificações e revisões. Você consegue identificar o erro na malha de entrelaçamento superior da carta **Seis de Espadas**? Se conseguir, verá que, em termos geométricos, as linhas se encaixam de forma diversa em relação à malha inferior.

Entretanto, essas anomalias mínimas em nada influenciam as tiragens, seus significados e o simbolismo mágico deste Tarô. Mais que isso: ainda fazem dele tão único quanto o *deck* original de Conver o foi no século XVIII, trazendo aos estudantes, tarólogos e tarotistas o que de mais próximo consegui em termos de resgate do Tarô de Marselha de 1760, como veremos a seguir.

Abertura do Baralho

Ao abrir o invólucro interno das cartas pela primeira vez, recomendamos fazê-lo com muito cuidado e atenção, em um ambiente calmo e sereno, e com a mente concentrada.

Para formar uma ideia clara da variedade de cartas, a ordem inicial das lâminas no baralho CBD é diferente da habitual. Antes de embaralhá-las, convidamos você a repassar todas as cartas na ordem original.

Se for usar as cartas para leitura, uma prática comum é tirá-las da embalagem original e mantê-las em um envoltório de tecido, em uma bolsinha ou uma caixinha de sua preferência.

O Tarô de Marselha

Segundo pesquisas históricas atuais, as cartas de Tarô tiveram origem no norte da Itália por volta do século XIV. Nos séculos XVII e XVIII, os fabricantes de cartas na França, em particular na cidade de Marselha, adotaram um modelo comum para as cartas de Tarô. Esse modelo, que teve evolução direta dos primeiros baralhos de Tarô, tornou-se o padrão do Tarô tradicional. Amplamente conhecido como "Tarô de Marselha", serviu de base para interpretações místicas dos símbolos do Tarô, sendo a inspiração original para os novos baralhos que se tornaram populares durante o século XX.

Com exceção de alguns tarôs encomendados pela nobreza e pintados a mão, as cartas de Tarô mais antigas que sobreviveram até os dias de hoje são baralhos impressos do século XVI. Até meados do século XIX, o método de produção continuou o mesmo: linhas pretas eram pintadas em grandes folhas de papel, a partir de chapas manchadas de tinta com xilogravuras desenhadas por artistas. Para acrescentar as cores, pranchas finas com recortes de gravações (uma para cada cor) eram colocadas sobre as folhas impressas e manchadas com tinta – técnica conhecida como "estêncil colorido". Por fim, as folhas coloridas eram coladas em um cartão duro e recortadas em forma de cartas. Esse método possibilitou a produção em massa de cartas para jogos em toda a Europa.

A princípio, os fabricantes de cartas de diferentes regiões da Itália, da França e de outros países imprimiam diferentes versões do Tarô. Mas, nos séculos XVII e XVIII, a cidade de Marselha, no sul da França, tornou-se referência na produção de cartas. Adotou-se assim um modelo-padrão para as cartas de Tarô, e as cartas criadas ao longo dos anos passaram a variar em detalhes e na riqueza das cores, embora os temas e elementos principais de cada uma permanecessem os mesmos.

O modelo usado em Marselha não era uma invenção puramente local. No século XVI, tarôs semelhantes já eram produzidos no sul da França e no norte da Itália, e muitos dos elementos básicos remontam aos tarôs populares mais antigos que sobreviveram até o presente. Pelo que se sabe, o Tarô de Marselha pode estar bem próximo da versão original do Tarô, tal como foi criado pela primeira vez, mas os fabricantes das cartas de

Marselha deram a esse modelo uma forma mais madura com relação as imagens que suas versões propagadas por gravadores e tipógrafos anteriores a ele. O papel desse Tarô foi importante na propagação do Tarô de modo geral, pois os tarôs marselheses tornaram-se conhecidos no país todo. Quando os cabalistas franceses de Paris começaram a estudar o Tarô, eles usavam cartas produzidas em Marselha. Sob sua influência, o modelo tradicional, que depois se tornou a ferramenta básica de místicos e cartomantes, ficou conhecido como Tarô de Marselha.

Impressão Industrial dos Baralhos
e Restaurações do Tarô de Marselha – do Final dos Anos 1980 até os Dias de Hoje

O processo industrial que passou a ser usado na impressão das cartas, na segunda metade do século XIX, ocasionou a simplificação de detalhes das imagens e o empobrecimento na variedade das cores. Quando a produção mecânica das cartas tornou-se predominante, a linhagem contínua de mestres criadores de cartas, que transmitiam sua experiência de geração em geração, foi rompida, e os antigos segredos do ofício se perderam.

Em resposta a essas perdas do século XIX, foram feitas várias tentativas durante o século XX para restaurar a profundidade original e a riqueza das cartas tradicionais de Marselha. Mas qual seria exatamente o modelo tradicional? Muitos tarôs foram impressos em Marselha e, embora seguissem o mesmo modelo básico, havia uma grande variação nos mais finos detalhes. Aqueles que pretendiam restaurar o modelo original tiveram de enfrentar a questão óbvia: entre todos os Tarôs de Marselha que sobreviveram até os dias atuais, qual seria o mais próximo do "verdadeiro"?

Ao longo dos anos, surgiu um consenso geral entre os seguidores da Escola Francesa segundo o qual a versão mais autêntica do Tarô tradicional era um Tarô impresso em 1760 por um fabricante chamado Nicolas Conver. Não se sabe muito sobre o próprio Conver, mas vários livros influentes sobre Tarô, do final do século XIX em diante, mencionam o jogo de cartas de Conver, afirmando ser ele a representação mais fiel e precisa dos antigos símbolos do Tarô. Nenhum outro conquistou tamanha admiração.

Várias outras versões do Tarô de Marselha apareceram no século XX, quase todas baseadas nas cartas de Conver. A mais popular é o "Antigo Tarô de Marselha", criada em 1930 por Paul Marteau. Essa versão foi publicada pela Editora Grimaud, tendo dominado o cenário do Tarô francês por grande parte do século XX.

Outro tipo conhecido é a versão restaurada do Tarô de Marselha, criada na década de 1990 por Alejandro Jodorowsky, que foi meu professor de Tarô na década de 1980, e por Philippe Camoin, pertencente à família que herdou a gráfica de Conver. Há também alguns outros tarôs menos conhecidos.

O *Tarô de Marselha CBD*, cujas cartas acompanham este livro, também é uma restauração do Tarô de Conver.

O Tarô de Marselha CBD
e Outras Restaurações Modernas do Baralho de Conver

Entre os diferentes baralhos de Tarô impressos em Marselha, o que se tornou mais influente e mais apreciado foi publicado em 1760 por Nicolas Conver. O *Tarô de Marselha CBD* (Conver–Ben Dov) foi restaurado a partir de cópias de várias impressões do baralho de Conver. As linhas foram copiadas em papel, com bico de tinta, pela ilustradora Leela Ganin. Os desenhos ganharam títulos, tendo também sido digitalizados, tratados e coloridos pelo desenhista gráfico Nir Matarasso. Eu (YB), então, remodelei as linhas e áreas coloridas, comparando-as com as digitalizações das cartas originais. As cartas foram impressas originalmente em 2011, e em 2017 pela U.S. Games Systems, Inc.

Existem vários tarôs novos de Marselha baseados nas cartas de Conver, como os de Marteau e Jodorowsky-Camoin, mencionados antes. Esses novos tarôs foram projetados para leitura, sendo impressos em linhas claras e cores vibrantes, mas não são, de fato, fiéis ao original de Conver. Seus criadores mudaram bastante os detalhes das cartas, acrescentando elementos de outros tarôs ou apenas lhes dando novas formas de acordo com as próprias ideias. O motivo reside na visão básica que esses criadores tinham do Tarô. De uma maneira ou de outra, eles foram influenciados pela noção de que o Tarô original havia sido concebido por um grupo secreto de iniciados, tendo sido depois transmitido ao longo dos séculos, com imprecisões ocasionais. Nesse sentido, cartas como as de Conver são apenas cópias degradadas do original e, portanto, devem ser corrigidas para que se tenha o "verdadeiro Tarô". Minha opinião é diferente.

Em primeiro lugar, a teoria da tradição secreta parece-me bastante duvidosa do ponto de vista histórico. Em segundo, mesmo que quiséssemos recuperar o "verdadeiro Tarô", que supostamente existiu no final da Idade Média, não teríamos nenhum original disponível desse período. Portanto, na prática, o método utilizado pelos criadores dos novos tarôs limitava-se a tomar o Tarô de Conver e modificá-lo de acordo com as próprias ideias de "como deveria ser o Tarô de verdade". E, em terceiro lugar – para mim, o mais importante –, o Tarô não é uma representação de alguma mensagem existente no passado remoto, perdida desde então. Ele é, isto sim, uma misteriosa e mágica obra de arte, que evoluiu ao longo dos séculos e alcançou seu apogeu com o Tarô de Conver. Portanto, em vez de tentar melhorar as cartas de Conver, desejo permanecer fiel a seus desenhos originais, minimizando os efeitos de minha própria interpretação.

Para esse propósito, usei várias cópias das cartas originais de Conver. Esses tarôs foram confeccionados em datas diferentes, mas todos foram impressos a partir das mesmas xilogravuras originais. Tive de me basear em vários tarôs, pois cada um deles apresentava diversos detalhes borrados ou ausentes. Quanto às cores, as cartas que usei diferiam um pouco, pois sua coloração se desgastara após anos de uso, tendo sido, em edições posteriores, substituídas por cópias inexatas. De modo geral, mantive como modelo a impressão mais antiga que eu tinha disponível – que supunha ser, se não igual, pelo menos a mais próxima do desenho original de Conver.

Um desafio especial em tudo isso foi o fato de, nos Tarôs de Marselha, e em particular no de Conver, existirem diversas anomalias nos detalhes das imagens, como já mencionado antes. Dessa maneira, "criadores" de outros tarôs restaurados tendiam, não raro, a "corrigir" tais anomalias, embora eu, sempre que possível, tenha preferido mantê-las. Isso não se deu apenas porque desejava permanecer fiel ao original, mas sobretudo porque essas anomalias intensificavam a sensação de magia e mistério das cartas, abrindo-as para novas e interessantes interpretações.

Ainda assim, o que tentei criar não foi uma cópia exata de um Tarô de 250 anos, mas um Tarô para ser usado por pessoas que fazem leituras nos dias de hoje. Portanto, por mais fiel que eu quisesse ser, ainda precisava fazer alguns ajustes e modificações. É impossível reproduzir com exatidão as técnicas, os materiais para colorir, a qualidade do papel e a experiência humana da indústria de cartas do século XVIII. E, mesmo que conseguíssemos imitá-los por meios artificiais, a impressão visual do observador seria completamente diferente. Nossos olhos e cérebro atuais estão acostumados a um universo diferente de imagens e materiais gráficos. Isso é especialmente relevante na leitura das cartas, em que a "sensação" que o intérprete obtém da carta é o fator mais importante.

Essas considerações influenciaram meu trabalho com as cartas em vários pontos. Por exemplo, às vezes eu precisava suavizar uma anomalia que as técnicas modernas de impressão tornariam muito atraente. Ainda assim, tentei preservar os traços físicos gerais das cartas. Além disso, como não havia maneira de reproduzir os tons originais dos pigmentos e das impressões produzidos naquela época, tive de definir eu mesmo a escala de tons das várias cores: uma superfície vermelha nas cartas de Conver, por exemplo, ainda é uma superfície vermelha na minha restauração, mas precisei decidir que matiz de vermelho usar. Para adaptar as cartas à sensibilidade visual dos tarólogos dos dias de hoje, testei versões iniciais com várias pessoas, algumas com conhecimento prévio sobre o Tarô e outras sem nenhuma informação a respeito. Fui, assim, fazendo as mudanças necessárias de acordo com as reações que recebia.

A maioria dessas considerações, não decidi com antecedência. Elas surgiram como parte do processo, como se as cartas, e não eu, estivessem tomando as principais decisões. A princípio, a ideia era empreender um projeto breve e simples, que levaria apenas alguns meses e serviria tão somente para ilustrar um livro. No entanto, uma série de circunstâncias aparentemente acidentais, aliada à sensação que eu tinha de que as cartas exigiriam um pouco mais de esforço, acabaram me levando a um processo trifásico, com cada fase levando cerca de um ano ou mais.

Por fim, após aprender as técnicas de gráfica digital necessárias, reformulei todas as linhas e áreas coloridas, comparando-as com as digitalizações das cartas originais, até que o resultado final parecesse transmitir a sensação correta e um grau de exatidão satisfatório. O resultado desse esforço é o Tarô que agora você tem em mãos.

Estrutura
do Baralho

O baralho de cartas de Tarô contém 78 cartas. Estas podem ser divididas em duas partes. A primeira parte é chamada de Arcanos Maiores e consiste em 22 cartas com ilustrações elaboradas. Elas são numeradas consecutivamente e cada uma recebe um nome específico.

As demais 56 cartas, chamadas de Arcanos Menores, são divididas em quatro naipes, todas com desenhos mais simples que os dos Arcanos Maiores. Cada naipe é constituído de 14 cartas: um Ás, nove cartas numeradas de 2 a 10 e quatro cartas da corte: Valete, Cavaleiro, Rainha e Rei. Além disso, acrescentei uma "carta em branco", sem ilustração alguma. (Veja mais informações na página 131.)

Identificação
das Cartas

Para identificar as diferentes cartas, você pode ver a imagem de cada uma no site em inglês cbdtarot.com ou acompanhar as seguintes orientações:

Arcanos Maiores: As ilustrações são ricas em detalhes simbólicos. Cada carta tem um título e um numeral romano (em notação longa, de modo que 9 é VIIII, e não IX). Duas exceções são a carta de número 13, que não tem título, e a carta O Louco, que não tem número. Os nomes das cartas dos Arcanos Maiores estão relacionados na seção "Interpretações Rápidas" (veja a p. 55).

Arcanos Menores: Cada naipe menor está relacionado a um objeto simbólico representado em todas as cartas que o compõem. Os objetos são: moedas (ouros), varas (paus), copas e espadas.

Moedas ou ouros são representados como círculos decorados. Copas são taças com bases hexagonais. Moedas e copas são de cor amarela, com pequenas áreas em vermelho.

Varas ou paus são representados como bastões verdes ou varas retas. Espadas são espadas regulares (retas) com lâminas vermelhas ou azul-claro ou então em forma de arco.

Os bastões em forma de vara e as espadas em forma de arco aparecem apenas nas cartas numeradas. As varas são representadas com listras estreitas em vermelho, azul-claro e preto, com lâminas nas duas pontas. As listras das varas são retas e se cruzam no meio da carta. As listras das espadas são curvas e se cruzam em dois pontos: no alto e na base da carta.

O Ás de cada naipe expõe uma imagem grande e detalhada do símbolo do naipe, sem título nem número.

As quatro cartas da corte trazem títulos que identificam suas posições hierárquicas: um valete (VALET), um cavaleiro (CAVALIER), uma rainha (REYNE) e um rei (ROY). Os títulos também indicam o naipe: moedas (DENIERS), bastões (BATON), copas (COUPE), espadas (EPEE).

Cada carta numerada exibe o número correspondente dos ícones simbólicos do naipe, disposto geometricamente e em geral envolvido por ornamentos florais. As cartas numeradas de três naipes, com exceção das de ouros, também têm seus números escritos nos dois lados.

Embaralhamento

Cada leitor tem seu modo preferido de embaralhar, não havendo um procedimento único para todos. Meu jeito de fazer isso é tirar as cartas da caixa em que as guardo e embaralhá-las calmamente, com a face para baixo, enquanto ouço a história do consulente. Depois, entrego as cartas a ele, ainda viradas para baixo, e peço-lhe que as embaralhe. Feito isso, o consulente me devolve as cartas, sempre com a face para baixo. Uma a uma, tiro as primeiras cartas (as que estiverem em cima, com o baralho ainda voltado para baixo) e as disponho sobre a mesa no arranjo desejado.

Leitura
das Cartas

Para quase todas as modalidades de consulta, você pode adotar um arranjo básico de três cartas entre as 22 dos Arcanos Maiores. Depois de embaralhar as cartas, três delas são dispostas em uma fileira da esquerda para a direita e, em seguida, interpretadas como uma história que em geral prossegue nessa direção.

Mais adiante, quando as conhecer melhor, você poderá acrescentar as cartas dos Arcanos Menores. Isso pode ser feito aos poucos: primeiro os ases, depois as cartas da corte e, por fim, as cartas numeradas, que são as mais difíceis de estudar em detalhes.

Para acrescentar os Arcanos Menores em uma leitura, você pode ampliar o arranjo básico para uma fileira com sete cartas, também da esquerda para a direita.

Um método alternativo consiste em usar as cartas dos Arcanos Menores como uma camada de fundo para o arranjo básico de três cartas. Para isso, embaralhe as cartas. Depois, comece com a primeira posição (esquerda) e forme uma pilha com as cartas dos Arcanos Menores, uma sobre a outra, à medida que as tira do baralho. Continue cobrindo cada carta até aparecer uma carta dos Arcanos Maiores. Passe então para a segunda posição (centro) e faça a mesma coisa. Na sequência, vá para a terceira posição (direita). Por fim, você terá três cartas dos Arcanos Maiores para ler como um arranjo básico. Sob cada uma delas, haverá várias cartas dos Arcanos Menores. Elas serão lidas como informações de segundo plano ou adicionais para a carta do Arcano Maior que as cobre.

Abrangência
dos Arcanos Menores

Cada naipe dos Arcanos Menores tem um caráter e uma abrangência de ação específicos. Quando cartas de determinado naipe surgem em uma leitura, elas podem representar um problema que se manifesta em sua área de ação correspondente ou então uma atitude típica do seu caráter.

OUROS (OU MOEDAS): CORPO
Material e físico, prático e conservador.

PAUS (OU VARAS): DESEJO
Apaixonado, extrovertido, vibrante, criativo, conflituoso.

COPAS: EMOÇÃO
Sentimental, romântico, social, espiritual.

ESPADAS: INTELECTO
Racional e verbal, decidido, agressivo.

Ases e
Cartas da Corte

Um ÁS expressa o início de um processo ou uma nova iniciativa. Também uma atitude ou um fator significativo que expressa o caráter do naipe.

Um VALETE pode representar uma pessoa que atua em um campo novo e desconhecido ou irresponsabilidade e imaturidade.

Um CAVALEIRO pode simbolizar uma pessoa que avança em direção a um objetivo ou que está em ação.

Uma RAINHA pode expressar conquistas e realização, solidez e estabilidade, conservadorismo e atitudes defensivas.

Um REI pode expressar poder e controle, uma fase de maturidade e experiência, além de disposição para seguir em uma nova direção.

Interpretações
Rápidas

A lista de interpretações a seguir pode ser útil como referência rápida para a leitura. Se ao ler uma carta nada lhe ocorrer, você pode se valer da lista como ponto de partida. Esse recurso não deve impedi-lo, porém, de encontrar outros significados ao observar as ilustrações da carta e interpretá-las como uma história simbólica.

Para significados invertidos, vire algumas cartas ao embaralhá-las. Muitos leitores preferem ignorar a inversão das cartas. Nesse caso, as interpretações "invertidas" podem ser consideradas aspectos negativos da carta, integrados aos aspectos positivos.

Os Arcanos Maiores

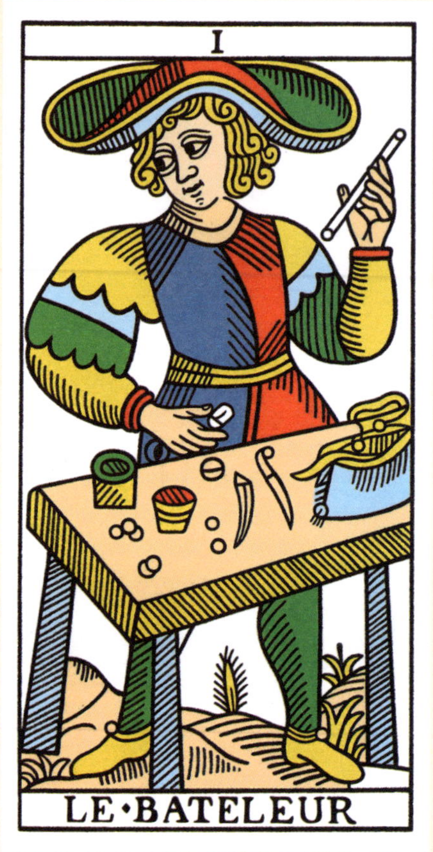
I
LE·BATELEUR

Carta 1

(I) LE BATELEUR

O MAGO: O começo de alguma coisa. Sorte de principiante. Várias ferramentas e vários recursos à disposição. Uso de forças sobrenaturais. Criação da realidade com o poder da mente. Treinamento e aquisição de habilidades práticas. Improvisação. Exibição ou espetáculo para outras pessoas.

MENSAGEM: Crie uma nova realidade.

INVERTIDA: Trapaça, prestidigitação, fraude. Exibição, fingimento. Falta de autoconsciência com relação ao corpo, à sexualidade ou a motivos básicos. Deslize devido à falta de experiência ou exatidão.

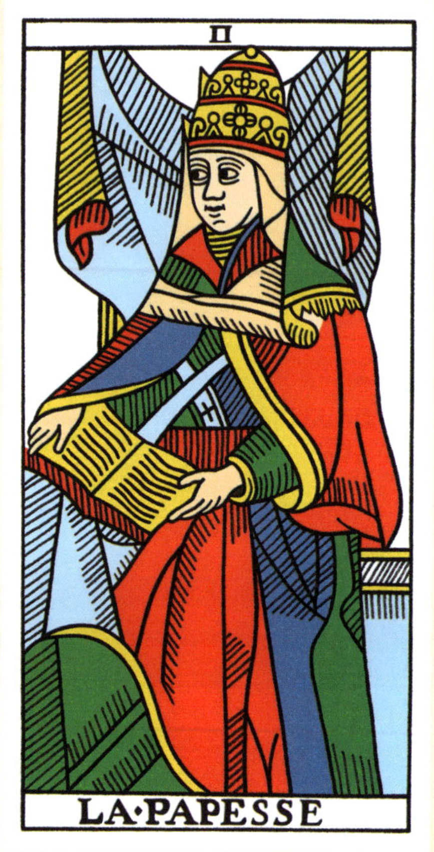
II
LA·PAPESSE

Carta 2

(II) LA PAPESSE

A PAPISA: Sabedoria associada ao intelecto e à intuição. Mãe espiritual. Uma mulher que esconde seus pontos fortes em um mundo masculino. Modéstia. Segredos, algo oculto, mistério. Vislumbre de algo que permanece em grande parte desconhecido. Impossível dar uma resposta definitiva no momento.

MENSAGEM: Saiba estabelecer limites.

INVERTIDA: Necessidade de esconder a verdadeira natureza por trás das convenções da sociedade. Visão conservadora do sexo e do corpo. Bloqueio emocional.

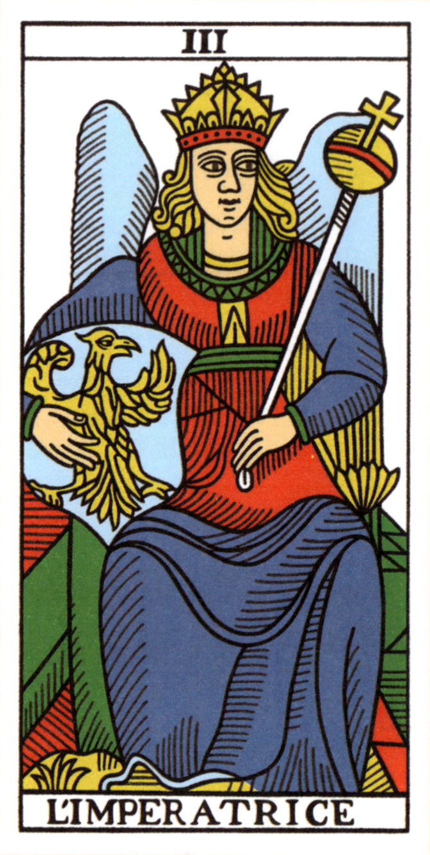
III
L'IMPERATRICE

Carta 3

(III) L'IMPERATRICE

A IMPERATRIZ: Abundância, crescimento, produtividade. Toque natural ou humano dentro de uma estrutura artificial. Inteligência emocional. Proteção e cuidados. Maternidade. Figura feminina poderosa. Identidade feminina forte.

MENSAGEM: Aja movido pelo instinto.

INVERTIDA: Comportamento impulsivo, alguém com quem é difícil argumentar. Excesso de proteção, envolvimento excessivo na vida de outras pessoas. Problemas com uma figura maternal forte.

O Tarô de Marselha CBD

CARTA 4

(IIII) L'EMPEREUR

O IMPERADOR: Realizações práticas e materiais. Assuntos relacionados ao local de trabalho ou a fonte de renda. Autoridade e controle, posição de comando. Figura paternal protetora, patrono ou patrocinador. Assertividade. Assuntos militares.

MENSAGEM: Demonstre liderança e responsabilidade.

INVERTIDA: Beligerância, violência. Tentativa de resolver situações pelo uso de força bruta. Ditadura. Possibilidade de abuso sexual. Dificuldade em lidar com uma figura paternal dominante. Negação e dissimulação de fraquezas internas.

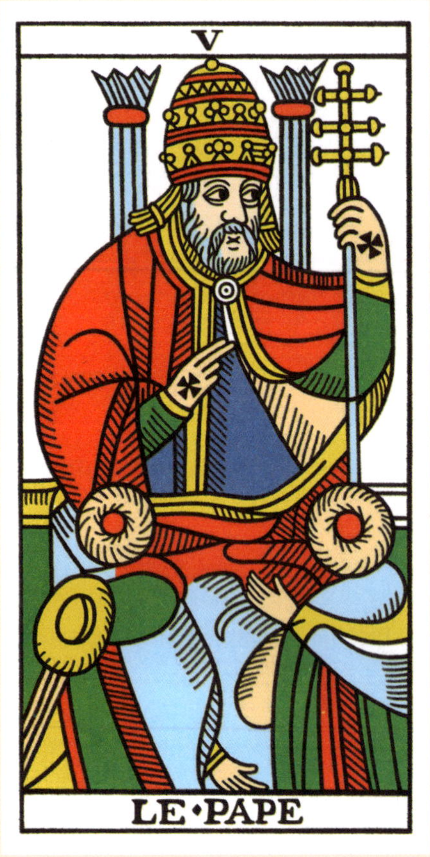
V
LE • PAPE

CARTA 5
(V) LE PAPE

O PAPA: Professor, instrutor ou conselheiro. Educação e conhecimento, competência acadêmica. Religião organizada, medicina convencional ou psicologia. Pai espiritual. Consulta ou tratamento por um especialista. Casamento.

MENSAGEM: Respeite o conhecimento e a educação.

INVERTIDA: Apego excessivo a convenções e normas obsoletas. Burocracia, sistema opressivo. Hipocrisia, discriminação. Divórcio.

O Tarô de Marselha CBD

CARTA 6

(VI) L'AMOUREUX

O ENAMORADO: Amor, relacionamento amoroso. Envolvimento emocional. Necessidade de fazer uma escolha ou de se desvencilhar de influências passadas. As inclinações do coração correspondem à vontade do céu. Pequenos passos realmente dados são sinais visíveis do desejo interior.

MENSAGEM: Siga o caminho do coração.

INVERTIDA: Relacionamento complexo entre várias pessoas, por exemplo um triângulo romântico ou tensão entre mãe e esposa. Hesitação, dilema. Confusão quanto aos próprios sentimentos e à própria vontade.

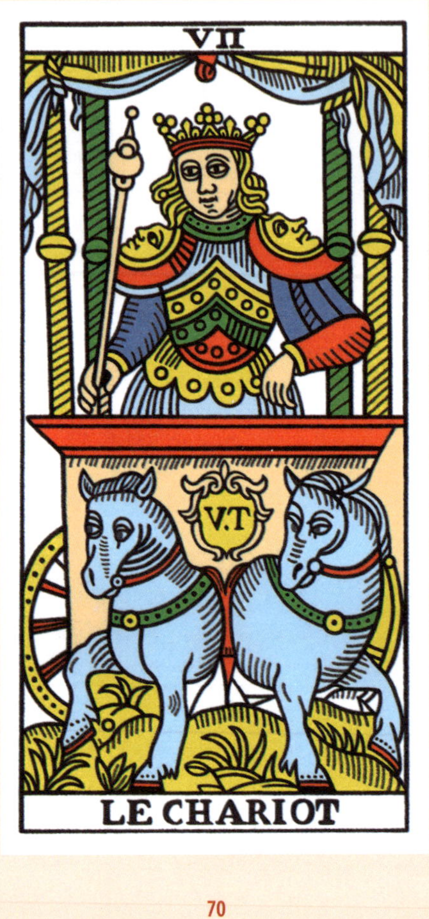
VII
V.T
LE CHARIOT

CARTA 7

(VII) LE CHARIOT

O CARRO: Vitória ou feito que coloca o consulente em uma posição forte e protegida. Ambição, energia, motivação para seguir em frente. Honra pública. Poder e posição elevada.

MENSAGEM: Ouse e vença.

INVERTIDA: Fraqueza interior oculta sob aparência externa. Vaidade, arrogância. Excesso de proteção, enclausuramento emocional. Confusão com relação aos próprios objetivos. Perda do contato simples com as pessoas e a realidade.

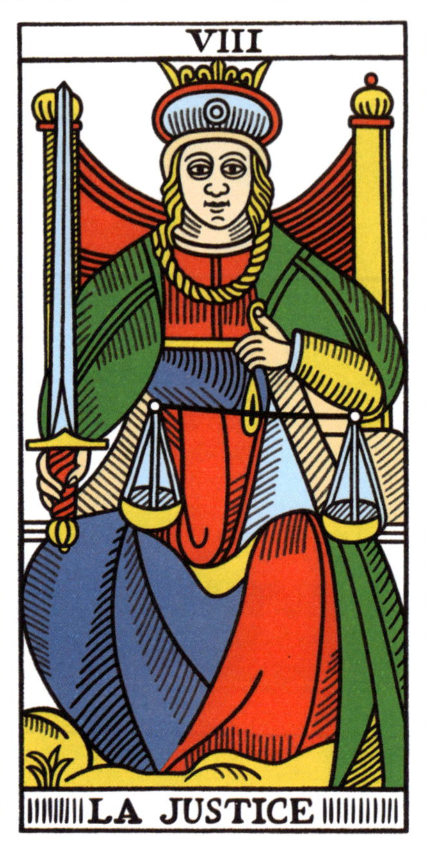
VIII
LA JUSTICE

CARTA 8
(VIII) LA JUSTICE

A JUSTIÇA: Lei e ordem, questões legais e judiciais. Julgamento justo e equilibrado. Consciência desenvolvida. Racionalidade; raciocínio guiado por regras claras e normas aplicáveis a todos. Toque de graça e humanidade, além de considerações objetivas.

MENSAGEM: Aja com a razão e pelas normas aceitas.

INVERTIDA: Pouca transparência, atitude crítica, prejulgamento, sentimento de culpa. Controle repressivo de si mesmo e dos outros. Ideias negativas que impedem a mudança e o avanço.

O Tarô de Marselha CBD

CARTA 9

(VIIII) L'HERMITE

O EREMITA: Busca da verdade ou da compreensão espiritual. Concentração em um propósito claro. Precaução, avaliação cuidadosa. Autoprivação em favor de uma causa importante. Lealdade aos princípios, fé inabalável.

MENSAGEM: Procure a essência das coisas.

INVERTIDA: Atitude ensimesmada; reclusão. Isolamento, solidão. Ideias fixas. Cuidado e suspeita excessivos, atitude crítica sempre em busca de defeitos. Desejos ocultos e rejeitados.

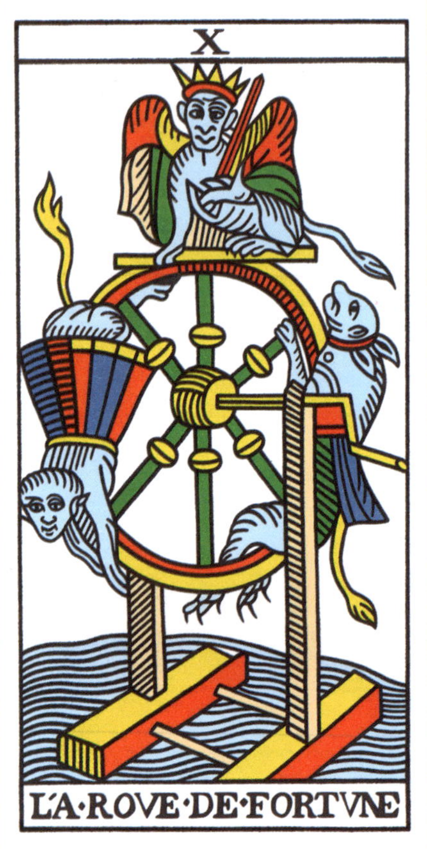
X
L'A·ROVE·DE·FORTVNE

CARTA 10

(X) L'A ROUE DE FORTUNE

A RODA DA FORTUNA: Mudança de circunstâncias e posição. Ressurgimento após uma queda. Apostas e jogos, acreditando na sorte caprichosa. Ciclos da vida, fechamento de uma fase. Adaptação à rotina da vida cotidiana. Vislumbre de encarnações anteriores.

MENSAGEM: Aceite os altos e baixos da vida.

INVERTIDA: Declínio após um período de ascensão. O perigo espreita no cume. Movimento em um círculo fechado. Mudanças de humor caprichosas. Sensação de impotência para influenciar determinada situação.

O Tarô de Marselha CBD

CARTA 11

(XI) LA FORCE

A FORÇA: Poder e coragem para enfrentar desafios. Expressão controlada de estímulos, desejos e impulsos criativos. Mobilização de recursos internos em direção a um objetivo comum. Momento em que a pessoa assume riscos.

MENSAGEM: Assuma o controle de si mesmo.

INVERTIDA: A necessidade de manter as coisas sob controle leva a tensões constantes. Risco de perder o controle. Conflitos internos e avaliação irreal das próprias forças podem levar ao fracasso.

O Tarô de Marselha CBD

CARTA 12

(XII) LE PENDU

O ENFORCADO: Visão das coisas de um único ponto de vista. Tolerância de dificuldades por uma causa nobre. Período de um profundo autoexame. Passividade e aceitação da realidade, mesmo que seja o contrário do que se espera.

MENSAGEM: Veja as coisas da perspectiva oposta.

INVERTIDA: Isolamento. Postura emocional de vítima. Incapacidade de agir. Negação das próprias qualidades; esforço para ser "normal" a todo custo. Existência em uma realidade própria e imaginária.

O Tarô de Marselha CBD

CARTA 13
(XIII) SEM TÍTULO

SEM TÍTULO: Fim de algo cuja hora chegou. Libertação de influências passadas ou do apego a figuras dominadoras. Rejeição do supérfluo; manutenção apenas do essencial. Desintegração do que é antigo abre espaço para o que é novo.

MENSAGEM: Desista do que já acabou.

INVERTIDA: Dificuldade de lidar com perdas ou mudanças. Dificuldades temporárias; um desafio difícil. Desintegração. Realização de uma verdade dolorosa. Não prevê morte futura, mas pode refletir ansiedade com relação à morte ou o luto por uma perda já ocorrida.

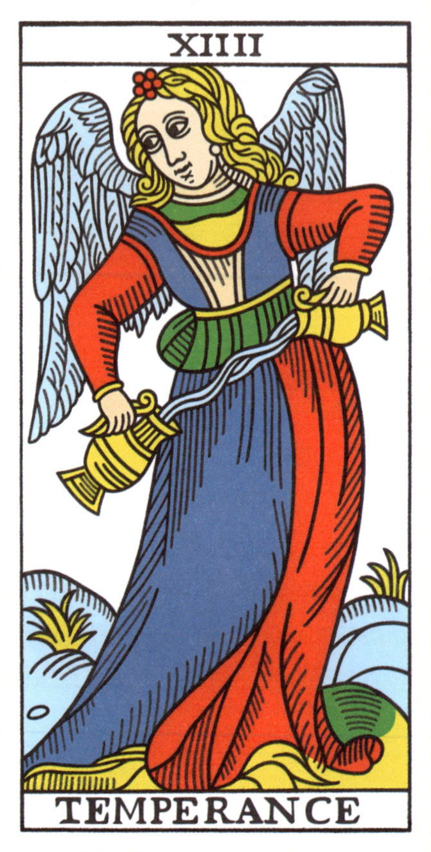
XIIII
TEMPERANCE

CARTA 14

(XIIII) TEMPERANCE

A TEMPERANÇA: Reconciliação, condescendência, afrouxamento de tensões. Integração de opostos. Capacidade de realizar o aparentemente impossível. Processo lento de aprimoramento. Paciência, perseverança. Autoaperfeiçoamento.

MENSAGEM: Encontre a média de ouro.

INVERTIDA: Avanço e recuo, sem progressão de fato. Perda de paciência com um processo demorado. Preocupação emocional consigo mesmo, afastando outras pessoas que poderiam ajudar.

O Tarô de Marselha CBD

CARTA 15

(XV) LE DIABLE

O DIABO: Explosão de criatividade. Paradoxos e contradições. Ironia e zombaria das normas comuns. Ação motivada por desejos, paixões e impulsos. Distância de um trauma familiar passado.

MENSAGEM: Expresse sua paixão e seu desejo.

INVERTIDA: Tentação, atração pelo que é sombrio e proibido. Exploração, egoísmo, dominação. Autossatisfação compulsiva. O comportamento irracional tem seu preço. Dificuldade em romper um vínculo prejudicial.

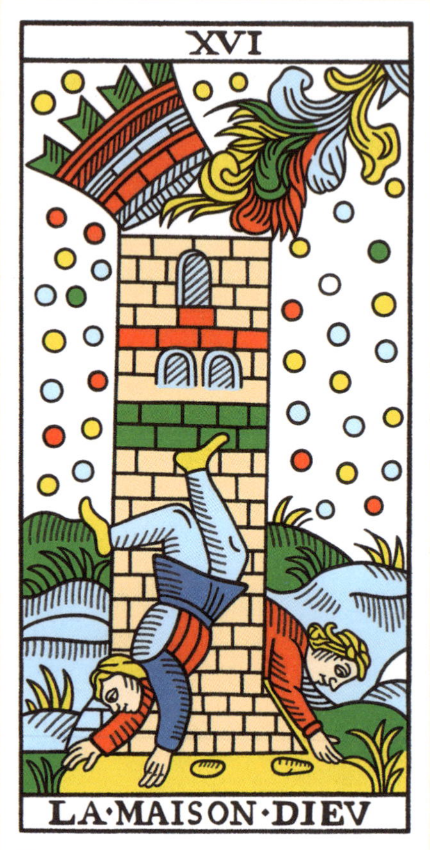
XVI
LA·MAISON·DIEV

CARTA 16

(XVI) LA MAISON DIEU

A TORRE: Demolição de estruturas sólidas. Libertação de um confinamento. Avanço súbito após um longo período de preparação. Encontro sexual extasiante. O sucesso está na simplicidade e na modéstia.

MENSAGEM: Retorne ao terreno sólido da realidade.

INVERTIDA: Choque, colapso de projetos ou estruturas confiáveis. Queda de uma posição aparentemente sólida e segura. Caos, confusão, dificuldade de entender o que está acontecendo. Vaidade e orgulho conduzem ao fracasso.

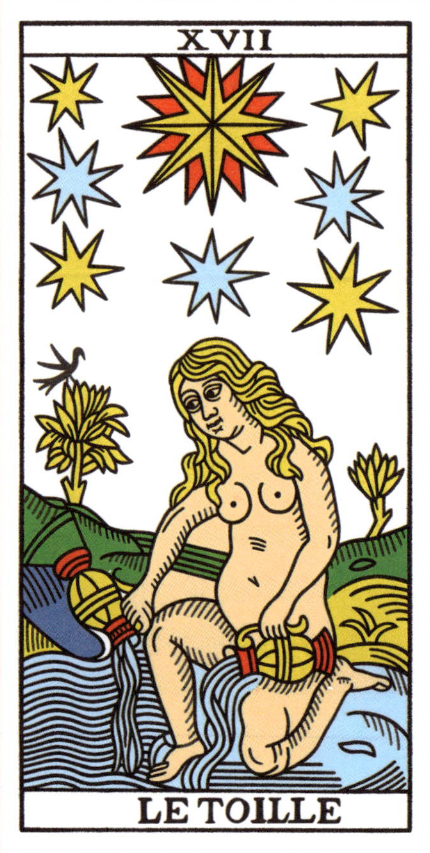
XVII
LE TOILLE

CARTA 17

(XVII) LE TOILLE

A ESTRELA: Receptividade, simplicidade, retorno à natureza. Pureza, honestidade. Mostrar-se "como se é", aceitando o próprio corpo e os próprios desejos. Generosidade. Sorte do céu. Sensação intuitiva de orientação ou energia que chega de um plano superior.

MENSAGEM: Flua de uma fonte pura.

INVERTIDA: Otimismo ingênuo e ideias fantasiosas. Exposição a perigo ou abuso. Dificuldade de estabelecer limites adequados. Desperdício, perdulariedade.

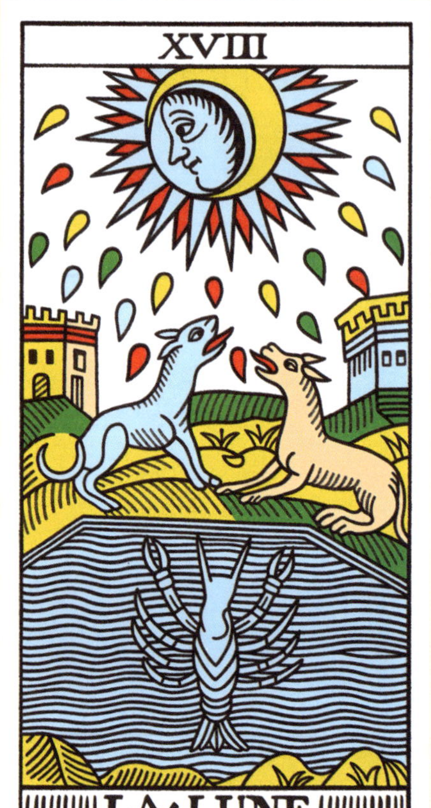
XVIII
LA·LUNE

CARTA 18

(XVIII) LA LUNE

A LUA: Emoções profundas, talvez relacionadas a uma figura maternal ou feminina. Vivência diferenciada da realidade. Anseio pelo que é inacessível. Descoberta de pontos fortes ocultos. Dedicação ao passado remoto. Um tesouro escondido.

MENSAGEM: Não tenha medo de ir fundo.

INVERTIDA: Sentimentos vagos e perturbadores. Dificuldades emocionais; período depressivo. Perigo à espreita sob a superfície. É preciso recuar, pois está difícil avistar o caminho à frente.

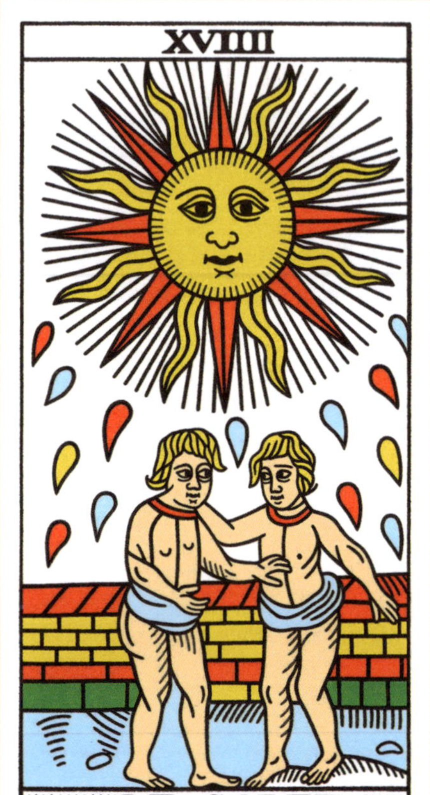
XVIIII
LE • SOLEIL

CARTA 19

(XVIIII) LE SOLEIL

O SOL: Luz e calor, abundância, bênçãos. Sensação agradável; cura emocional ou física. Parceria, confiança, compartilhamento, fraternidade. Um toque de humanidade. Figura paternal ideal. Assuntos relacionados aos filhos. Estabelecimento de limites de maneira moderada e sem opressão.

MENSAGEM: Encontre parceiros adequados.

INVERTIDA: Vida em um espaço limitado; dificuldade de enfrentar a realidade "em campo aberto". Imaturidade, dependência dos outros. Alguém ou algo muito intenso e repleto de energia cuja presença causa desconforto. Pai ausente.

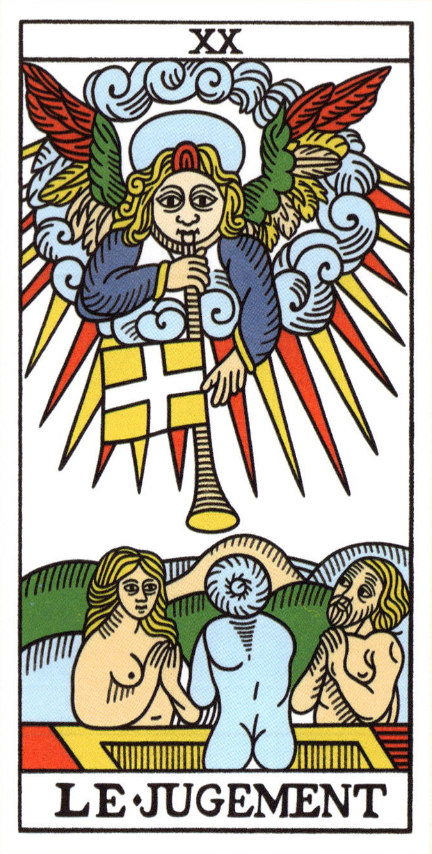
XX
LE·JUGEMENT

CARTA 20

(XX) LE JUGEMENT

O JULGAMENTO: Revelação, esclarecimento; um novo entendimento. Momento decisivo em um processo terapêutico. Solução de um relacionamento familiar. Exposição, segredos revelados, notoriedade. Nascimento de um bebê ou de algo novo.

MENSAGEM: Desperte para a realidade espiritual.

INVERTIDA: Revelação de algo que deveria ter permanecido oculto. Falta de privacidade. Descoberta desagradável. Problemas associados à relação entre pais e filhos. Muito alarde e drama.

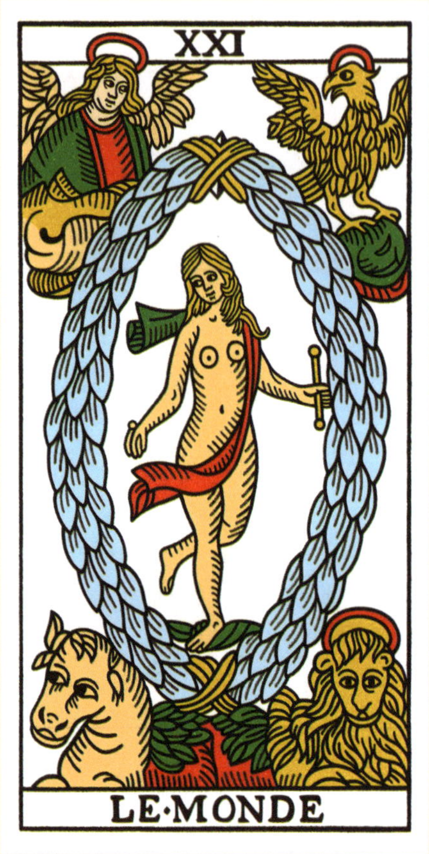
XXI
LE·MONDE

CARTA 21

(XXI) LE MONDE

O MUNDO: Conclusão de um processo. Atividade equilibrada e realizações em várias áreas. Contato com lugares distantes. Harmonia e correspondência entre diferentes planos. Gravidez; algo novo que está para nascer. A dança da vida.

MENSAGEM: Tudo está perfeito como está.

INVERTIDA: Vida em uma bolha; dificuldade de compartilhar seu mundo com os outros. Desconexão entre sentimentos interiores e a vida exterior. Preocupação consigo mesmo, autoimagem idealizada, incapacidade de seguir adiante.

LE ·MAT

(SEM NÚMERO)

LE MAT

SEM NÚMERO – O LOUCO: Liberdade de convenções e normas. Algo ou alguém único e excepcional. Opções mantidas em aberto. Renúncia ao controle; espontaneidade. Incerteza; atenção ao aqui e agora. Perspectiva de viagem.

MENSAGEM: Continue em movimento.

INVERTIDA: Dificuldade de escolher e se comprometer com algo estável. Inquietação. Falta de propósito. Pessoa que se sente perdida. Comportamento tolo. Excentricidade, falta de aceitação por parte do meio social. Dificuldade em planejar com antecedência.

OUROS (OU MOEDAS)

ÁS DE OUROS: Bom começo para coisas materiais. Estabilidade financeira e física. Uma perspectiva prática. Quantia significativa de dinheiro. Visão utilitarista. Ganância. Algo básico e sem sofisticação.

INVERTIDA: Semelhante.

2 DE OUROS: Dualidade. Duas opções ou dois elementos. Em colaboração, mas mantendo distância. Uma estrada sinuosa que avança por caminhos complexos. Reconhecimento e aprovação.

INVERTIDA: Semelhante.

3 DE OUROS: Resultado. Parceria ou aliança que dá frutos. Primeiros resultados de um projeto. Boas perspectivas.

INVERTIDA: Decepção; a parceria ou o projeto não produzem os resultados esperados.

4 DE OUROS: Estabilidade. Solidez em relação aos bens materiais. Tradição, reputação e honra. Confiabilidade testada pelo tempo. Instituições sociais estabelecidas.

INVERTIDA: Conservadorismo; apego a padrões antigos e ultrapassados.

5 DE OUROS: Inquietação. Algo novo aparece e desestabiliza as estruturas existentes. Um novo elemento chama atenção, mas também desperta resistência.

INVERTIDA: Semelhante.

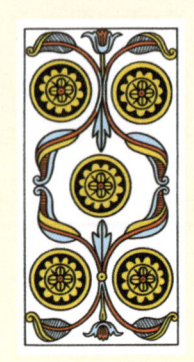

6 DE OUROS: Expansão. Abundância de recursos e possíveis formas de avanço. Perspectiva positiva, sucesso. Bom equilíbrio entre estabilidade e movimento.

INVERTIDA: Semelhante.

7 DE OUROS: Aceitação. Algo novo é bem recebido. Ajuda e proteção. Integração a um sistema sem perder a própria individualidade.

INVERTIDA: Falta de independência, necessidade de contar com a ajuda e a aceitação de outras pessoas.

8 DE OUROS: Uniformidade. Estrutura mecanizada. As considerações práticas são eficazes, mas carecem de um toque humano. Trabalho rotineiro. Avanço lento e paciente.

INVERTIDA: Semelhante.

9 DE OUROS: Motivação. Criação de um nicho para si em um sistema existente. Ambição. Resistência e pensamento independente produzem frutos no longo prazo.

INVERTIDA: Semelhante.

10 DE OUROS: Abundância. Atividade intensiva em relação a assuntos práticos. Sucesso material e realizações. Alguns podem estar recebendo mais do que outros.

INVERTIDA: Semelhante.

VALETE DE OUROS: Esforço prático. Potenciais inexplorados estão ao alcance. Sucesso tangível no início. Base material sólida para avançar ainda mais.

INVERTIDA: Hesitação, falta de objetivos claros. O pensamento fixo em realizações passadas leva a perder oportunidades no presente.

CAVALEIRO DE OUROS: Avanço em uma direção prática. Expressão produtiva de criatividade. Objetivo claro à vista.

INVERTIDA: Busca constante por dinheiro, sem alcançar a estabilidade material. Paixões e desejos podem interferir em planos práticos.

RAINHA DE OUROS: Bens tangíveis, estabilidade material e pessoal, visão sóbria e realista. Observação das coisas de uma perspectiva prática e pragmática.

INVERTIDA: Conservadorismo, resistência à mudança, visando apenas a preservar os bens existentes. Observação das coisas tão somente da perspectiva material.

REI DE OUROS: Confiança e segurança; visão cautelosa, mas otimista. Busca por novas conquistas ao mesmo tempo que se mantém os bens existentes em segurança.

INVERTIDA: Insatisfação com o que já se tem. Desconsideração pelas coisas boas provenientes da situação atual. Perspectiva limitada.

COPAS

ÁS DE COPAS: Início de um relacionamento amoroso. Expressão de sentimentos calorosos. Desejo romântico por alguém extraordinário. Crescimento emocional e espiritual.

INVERTIDA: Aridez emocional; a pessoa se sente vazia. Recusa de intimidade; sentimentos negativos, desgosto.

2 DE COPAS: Parceria. Relacionamento romântico ou aliança pessoal íntima. Dinâmica interpessoal baseada em normas sociais. Paixão em um relacionamento amoroso que pode se voltar contra si mesmo.

INVERTIDA: Crise em um relacionamento; decepção com alguém próximo.

3 DE COPAS: Nascimento. Algo novo que traz alegria e felicidade. Cuidados com uma criança. Problemas de relacionamento entre pais e filhos. Um projeto comum motivado por sentimentos, e não apenas por interesses.

INVERTIDA: Problemas no relacionamento com o pai ou com o filho. Forte aliança entre duas pessoas deixa uma terceira excluída.

4 DE COPAS: Família. Um grupo de pessoas (família, comunidade etc.) com uma história e senso de pertencimento. Compromisso com um grupo à custa de renúncia a interesses pessoais.

INVERTIDA: Problemas e discórdia na família ou em uma comunidade há muito estabelecida. Estrutura social fixa que não permite adaptação nem flexibilidade.

5 DE COPAS: Vínculos. Popularidade; relacionamento entre muitas pessoas. A pessoa se torna o centro das atenções em um grupo. Confiança na relação com outros para avançar ou superar dificuldades.

INVERTIDA: Preocupação excessiva com atividades sociais. A pessoa se perde em múltiplas relações superficiais. Cultivo de contatos virtuais em vez de reais.

6 DE COPAS: Continuidade. Relacionamento antigo. Repetição ao longo de diferentes gerações da família. Aliança pessoal estável.

INVERTIDA: Monotonia, repetição entediante. A pessoa sempre cai nas mesmas armadilhas emocionais.

7 DE COPAS: Individualidade. Pessoa solteira que encontra seu lugar em um grupo. Contato com pessoas em posições de proeminência. Qualidades excepcionais são apreciadas.

INVERTIDA: Problemas de integração em um grupo ou uma organização. A pessoa faz parte de um grupo, mas se sente isolada e distante.

8 DE COPAS: Envolvimento. Desenvolvimento de relações pessoais dentro de um grupo. Ambiente favorável em termos de relações humanas. Festa ou evento familiar.

INVERTIDA: Interferência do meio ambiente no relacionamento de um casal. Pressões da família em assuntos românticos ou pessoais.

9 DE COPAS: Coletividade. Grupo ou organização que trabalha em harmonia, com todos encontrando um lugar apropriado. Aceitação do próprio papel em um meio social. Felicidade; desejos que se tornam realidade.

INVERTIDA: Situação social confusa; dificuldade em se situar em um ambiente complexo.

10 DE COPAS: Liderança. Uma pessoa com qualidades especiais é admirada e prestigiada. A pessoa assume a responsabilidade pelos outros. Permanência em uma posição superior.

INVERTIDA: Líder em derrocada; perda da popularidade. Decepção devido à ingratidão das pessoas que receberam ajuda.

VALETE DE COPAS: Primeiros e inseguros passos em uma tentativa romântica. Timidez. Intenções sinceras. Tentativa de entender os próprios sentimentos.

INVERTIDA: Fixação nos próprios sentimentos, perdendo contato com os outros. Falta de cuidado com aspectos práticos.

CAVALEIRO DE COPAS: Gesto romântico; oferta do próprio coração ao cortejar alguém. Receptividade, sinceridade, um coração simples. É provável o surgimento de um amante.

INVERTIDA: Sentimentos superficiais e instáveis. Atitude excessivamente otimista, mas irrealista. Demonstração clara de sentimentos superficiais ou dissimulados.

RAINHA DE COPAS: Mundo interior rico que é mantido às ocultas. Resguardo da própria privacidade ou de bens valiosos. Sentimentos fortes sob controle.

INVERTIDA: Enclausuramento; atitude defensiva. Desconfiança dos outros devido a experiências passadas negativas. A pessoa esconde as próprias emoções sob o disfarce de críticas racionais.

REI DE COPAS: Maturidade emocional, otimismo, capacidade de superar mágoas passadas e olhar para o futuro. Receptividade a coisas novas, mas com prudência e cautela. Fecham-se os ouvidos a vozes do passado.

INVERTIDA: Dificuldade de superar um golpe emocional. Visão pessimista causada por experiências negativas do passado.

PAUS (OU VARAS)

ÁS DE PAUS: Ímpeto criativo. Sexualidade ativa. Impulsos, energia e motivações fortes. Força vital. Início do crescimento. Dispersão dos próprios esforços em diferentes direções.

INVERTIDA: Falta de energia, restrição, sexualidade reprimida, bloqueio criativo.

2 DE PAUS: Encruzilhada. Várias opções ou vários caminhos à disposição. Todos os rumos oferecem benefícios. Breve encontro com alguém que segue o próprio caminho. Bloqueio da linha de avanço de um oponente.

INVERTIDA: Semelhante.

3 DE PAUS: Rumo. Avanço após um momento de hesitação. Descoberta de um caminho intermediário entre duas linhas de ação. Obtenção de vantagem ao se manter neutro entre dois lados em conflito.

INVERTIDA: Semelhante.

4 DE PAUS: Impasse. Interrupção temporária para se preparar para avanços futuros. Tensões no momento, mas boas perspectivas no longo prazo. Movimentar-se agora não é do interesse de ninguém.

INVERTIDA: Semelhante.

5 DE PAUS: Superação. Sucesso sobre uma fraca oposição. Perda do equilíbrio. Concentração no objetivo principal. Iniciativa para fazer uma jogada vencedora.

INVERTIDA: Com a parte inferior do bastão central encoberta: início de uma situação complexa; a pessoa perde a vantagem que possui.

6 DE PAUS: Colaboração. Forte aliança entre duas partes com objetivos diferentes, mas interesses atuais comuns. Gosto pelo luxo viabilizado por condições favoráveis.

INVERTIDA: Com a flor decorada na base: busca excessiva por luxo. Necessidade de romper uma aliança de oponentes.

7 DE PAUS: Luta. Alguém que luta contra muitos oponentes. Obstinação, resistência; permanência da posição em uma situação de conflito. Combate difícil com resultado incerto.

INVERTIDA: Semelhante.

8 DE PAUS: Regulamentação. Só é possível avançar seguindo as regras. Ocupação com objetivos de curto prazo, perdendo-se a perspectiva de longo prazo. Bloqueio.

INVERTIDA: Semelhante.

9 DE PAUS: Interrupção. Dificuldades e oposições muito difíceis de superar. Desistência dos próprios projetos para evitar conflitos. Recomeço após um período complicado.

INVERTIDA: Semelhante.

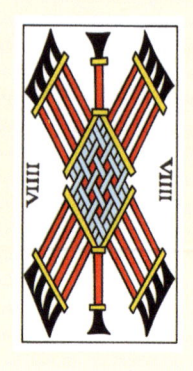

10 DE PAUS: Lealdade. Parceria ou aliança que resiste às dificuldades e consegue superá-las. Intenções puras e perseverança levam ao sucesso. Honra aos próprios princípios, apesar das dificuldades.

INVERTIDA: Semelhante.

VALETE DE PAUS: Potencial criativo que ainda precisa ser ativado. Permanência em uma distância segura dos eventos, aguardando o momento certo.

INVERTIDA: Tarefa muito pesada para a força do consulente. Dificuldade de controlar desejos e impulsos. Visão imatura da sexualidade.

CAVALEIRO DE PAUS: Mudança de direção, seguindo os próprios impulsos e paixões. Parada temporária, mas ainda há energia e desejo de avançar.

INVERTIDA: Preocupação com a satisfação dos próprios desejos. Problema na definição de objetivos de longo prazo. Falta de resistência à tentação.

RAINHA DE PAUS: Figura feminina de personalidade forte. Aspectos relacionados a alimentação e comida. Fala suave enquanto se segura um grande bastão. Posição segura e bem defendida.

INVERTIDA: Intimidação, ameaça. Uso da sexualidade como meio de controle. Problemas com uma forte figura maternal. Medo do poder feminino.

REI DE PAUS: Atitude madura diante de impulsos e desejos. Criatividade controlada. Incentivo para avançar. Investimento de bens atuais em projetos futuros.

INVERTIDA: Planos para avançar são frustrados por atos autodestrutivos. Hesitação, conflitos, tendência a tornar as coisas muito árduas e complexas.

ESPADAS

ÁS DE ESPADAS: Iniciativa planejada. Pensamento racional e lógico, mente aguçada. Decisão final. Prontidão para lutar. Ambição, competitividade. Vitória com conquistas estáveis.

INVERTIDA: Pensamentos negativos e improdutivos. Equívocos, ilusões. Derrota de si mesmo. Danos.

2 DE ESPADAS: Fronteiras. Limites que protegem e definem alguma coisa que está em desenvolvimento. Aproveitamento pleno da situação atual. Preparativos para avanços futuros. Visão clara que abrange a situação geral.

INVERTIDA: Semelhante.

3 DE ESPADAS: Vitória. Superação de uma fraca oposição. Resolução de um dilema e avanço em uma direção clara. Um terceiro intervém e derrota dois oponentes enfraquecidos.

INVERTIDA: Fracasso, derrota imposta por um oponente mais fraco. Tentativa frustrada de agir com decisão.

4 DE ESPADAS: Restrição. Espaço limitado para desenvolvimento e manobra. Tentativa de resistir às restrições. Potencial para crescer quando as limitações atuais começarem a ceder.

INVERTIDA: Confinamento e bloqueio; falta de motivação ou energia para sair de uma situação limitante.

5 DE ESPADAS: Avanço. Impulso à frente que supera os limites existentes. Perseverança em uma situação difícil. Realização das coisas ao próprio modo.

INVERTIDA: Iniciativa malograda de mudar uma situação. Obstinação que não leva a nada. Fatores opressivos não podem ser removidos agora.

6 DE ESPADAS: Adaptação. Aceitação das limitações e adaptação a elas. Respeito pela ordem atual. A pessoa cede para tirar o melhor proveito da situação em curso.

INVERTIDA: Resignação, renúncia; desistência do anseio de mudar as coisas para melhor. Falta de espírito de luta.

7 DE ESPADAS: Agudeza. Atitude focada e determinada. Concentração em um objetivo claro, fazendo-se o que é preciso para alcançá-lo. Sucesso em um embate cujas probabilidades estejam em equilíbrio.

INVERTIDA: Visão estreita e excessivamente concentrada. Investimento de esforços e recursos em uma causa perdida.

8 DE ESPADAS: Defesas. A pessoa se arma com escudo e couraça. Mecanismos de defesa psicológicos. Necessidade de estar no controle total. Um tesouro bem guardado. Entrada em domínio alheio, com permissão.

INVERTIDA: Semelhante.

9 DE ESPADAS: Coragem. Sucesso em um embate contra uma força superior. Intenções puras. Boa utilização de meios imperfeitos.

INVERTIDA: Derrota diante de um oponente mais forte. Falta de cuidado; preparação inadequada para um desafio.

10 DE ESPADAS: Exaustão. Situação complexa com muitos interesses conflitantes. Longa batalha com resultado incerto. Necessidade de encontrar um aliado que enfrente o problema de outra perspectiva.

INVERTIDA: Imobilidade. Impossível avançar no momento. A pessoa se sente atacada de várias direções. Derrota dolorosa e humilhante.

VALETE DE ESPADAS: Preparação para um desafio futuro. Em busca de um meio-termo entre razão e desejos fortes. Hesitação em usar as próprias forças.

INVERTIDA: Confusão, pensamentos negativos e inibidores, derrota autoimposta. O uso negligente das próprias ferramentas pode causar danos.

CAVALEIRO DE ESPADAS: Energia e recursos para avançar, ainda procurando a direção certa. A pessoa paira acima das restrições práticas. Determinação e perseverança.

INVERTIDA: Tentativa de impor uma visão equivocada, insistindo na direção errada. Perda de contato com a realidade.

RAINHA DE ESPADAS: Posição segura e protegida. Defesa do próprio território. Preparação de algo que ainda não deve ser exposto.

INVERTIDA: Atitude defensiva e rigidez. Suspeita e ideias fixas bloqueiam o avanço e impedem novas ligações.

REI DE ESPADAS: Decisão de romper com o passado; vontade forte. A pessoa se sente preparada para lidar com a incerteza. Sabedoria e maturidade intelectual.

INVERTIDA: Coração dividido; necessidade de se desvincular de algo a que ainda se apega. Cálculo em demasia na tentativa vã de superar a incerteza.

A Carta em Branco

Além da carta "logo" com os detalhes do baralho, o *Tarô de Marselha CBD* contém uma carta extra com "moldura em branco". Ela não faz parte do baralho tradicional e você pode aproveitar para experimentar sua própria maneira de usá-la. Algumas sugestões:

- Separada do baralho, a carta em branco pode ser usada como objeto de concentração e foco, antes e depois da leitura.

- Embaralhada com as demais cartas, e aparecendo na leitura, a carta em branco pode significar que você recebe uma "carta branca" – todos os caminhos estão abertos; tudo é possível. Nesse caso, você também pode tentar cobri-la com outra carta escolhida.

GRUPO EDITORIAL PENSAMENTO

O Grupo Editorial Pensamento é formado por quatro selos:
Pensamento, Cultrix, Seoman e Jangada.

Para saber mais sobre os títulos e autores do Grupo
visite o site: www.grupopensamento.com.br

Acompanhe também nossas redes sociais e fique por dentro dos próximos
lançamentos, conteúdos exclusivos, eventos, promoções e sorteios.

editoracultrix
editorajangada
editoraseoman
grupoeditorialpensamento

Em caso de dúvidas, estamos prontos para ajudar:
atendimento@grupopensamento.com.br

Pensamento   Cultrix   SEOMAN   JANGADA
GRUPO EDITORIAL PENSAMENTO